O chá e suas histórias

O chá e suas histórias

uma plaquette para a conferência de posse no IHGB

Joana Monteleone

Alameda

Edição: Haroldo Ceravolo Sereza
Assistente acadêmica: Tamara Santos
Projeto gráfico, diagramação e capa: Betânia Santos
Revisão: Alexandra Colontini e Haroldo Ceravolo Sereza
Capa: Freepik

CIP-BRASIL. CATALOGAÇÃO NA PUBLICAÇÃO
SINDICATO NACIONAL DOS EDITORES DE LIVROS, RJ

M781c

Monteleone, Joana
O chá e suas histórias : uma plaquette para a conferência de posse no IHGB / Joana Monteleone. - 1. ed. - São Paulo : Alameda, 2025.
66 p. ; 18 cm.

ISBN 978-65-5966-384-2

1. Chá - História. 2. Chá - Usos e costumes. I. Título.

25-101338.2 CDD: 641.877
CDU: 641.87

Gabriela Faray Ferreira Lopes - Bibliotecária - CRB-7/6643

ALAMEDA CASA EDITORIAL
Rua 13 de Maio, 353 – Bela Vista
CEP 01327-000 – São Paulo, SP
Tel. (11) 3012-2403
www.alamedaeditorial.com.br

Sumário

Prefácio

Às vezes penso que minha relação com o chá começou não pela xícara fumegante, mas pelo ato de contá-lo. Foi dando aula, na disciplina *História do Chá,* no Senac, que percebi como essa bebida tão comum podia revelar mundos inteiros: rotas de comércio, impérios, costumes domésticos, gestos femininos e silêncios profundos. Nas salas de aula, diante dos alunos curiosos, descobri que ensinar história do chá era, na verdade, narrar encontros de culturas, deslocamentos de plantas e pessoas e também rituais feitos de porcelana, açúcar e tempo.

Aquele primeiro curso foi uma experiência decisiva. Nas conversas depois da aula, nos olhares atentos diante de uma xícara de porcelana, percebi que a história da alimentação – e, dentro dela, a do chá – permite às pessoas entender que o cotidiano guarda os vestígios mais duradouros das culturas. A cada semestre, quando via alunos fascinados ao ouvir sobre as caravanas de chá na Ásia, os salões parisienses ou os quintais de erva-mate do Paraná, eu mesma me sentia motivada a mergulhar ainda mais na história da alimentação.

Por isso, foi com uma alegria silenciosa que, há alguns anos já, aceitei o convite para fazer, no Instituto Histórico e Geográfico Brasileiro, a minha primeira palestra sobre a história do chá. Foi como levar para uma casa de memória nacional o tema que tantas vezes introduzi na sala de aula. Lembro-me de falar do Jardim Botânico do Rio de Janeiro, das mudas trazidas de Macau, dos trabalhadores chineses que as cultivaram no início do século XIX e de como, mesmo sem se tornar mercadoria exportável, o chá transformou hábitos, sociabilidades e imaginários no Brasil imperial.

A sala iluminada do IHGB, cercada de quadros, tornou-se, por uma tarde, um salão de chá. Havia ali o mesmo fascínio que via nos estudantes: a constatação de que os objetos mais frágeis, folhas secas, xícaras de porcelana sustentam histórias vastas, capazes de atravessar séculos e oceanos. Nesse dia, depois da palestra ,subimos para um chá, com pequenos sanduíches de pepino e bolachas, organizado conjuntamente com a professora Lúcia Guimarães. Foi uma delícia de tarde com a melhor vista do Rio de Janeiro.

Esta *plaquette* nasceu desse percurso entre a sala de aula e as discussões acadêmicas de quarta-feira no IHGB. É, portanto, um pequeno livro de professora: não no sentido didático, mas na vocação de convidar outros a partilhar perguntas e descobertas. O que o chá ensina não é apenas a história de uma planta ou de um comércio; é a trama das relações humanas, de poder e de hospitalidade, de gênero e de classe, inscritas nos rituais mais cotidianos.

Ao escrevê-lo, penso nos alunos do Senac que me fizeram tantas perguntas inesperadas, nos colegas que escutaram a palestra no IHGB e em todos que, ao beber chá, talvez sem saber, repetem um gesto antigo, feito de pausa e de atenção. Este pequeno livro é para eles: para quem encontra, na bebida fumegante, um modo de pensar a história.

Esta *plaquette* nasce também de um momento especial da minha trajetória: a minha eleição como sócia correspondente do Instituto Histórico e Geográfico Brasileiro. Receber essa distinção de uma instituição tão marcada pela tradição da historiografia nacional é, para mim, uma honra profunda. Ao apresentar aqui a história do chá – tema que já levou a minhas aulas e que inaugurou a minha presença no IHGB –, sinto que participo, com uma voz contemporânea, de uma longa conversa sobre a memória do país. Neste dia especial, 19 de dezembro de 2025.

Como lembra Massimo Montanari, a comida é uma forma de cultura: não é apenas o que nutre, mas o que organiza significados. Comer, servir, partilhar à mesa são atos que comunicam pertencimento, distinção, hierarquia, civilização. Nos rituais do chá, essa dimensão cultural torna-se ainda mais evidente: cada sociedade, ao adotar a infusão, criou gestos, horários, utensílios e etiquetas próprios, transformando o ato de beber em um verdadeiro idioma social. Aprender a participar de uma cerimônia do chá – seja a japonesa, rigorosa e silenciosa; a inglesa, marcada pela sociabilidade burguesa; ou a brasileira, híbrida e mestiça – é, em certo sentido, *aprender uma nova língua*, feita não de palavras, mas de gestos, tempos, pausas e modos de estar à mesa.

Uma pequena história do chá: entre culturas e cerimônias

Sometimes lately it had seemed to her that, except for Elizabeth, her food was all that she lived for; her comforts; her dinner, her tea; her hotwater bottle at night. Virginia Woolf, *Mrs. Dalloway*.

A todos que partilham o chá e a história – com palavras, silêncios e porcelanas. Em especial, aos alunos e alunas que, ao longo das aulas sobre o chá, me ensinaram tanto quanto aprenderam.[1]

Nota de tradução: "Ultimamente, às vezes lhe parecia que, exceto por Elizabeth, era só para a comida que vivia; suas pequenas comodidades; o jantar, o chá; a bolsa de água quente à noite."

1 Esse texto foi a base de minha primeira palestra no IHGB. Agradeço à professora Lúcia Guimarães, sempre tão gentil, pelo convite. Na ocasião servimos um chá com sanduíches de pepino.

Cozinha, linguagem e identidade cultural

Muitas vezes a cozinha é equiparada à linguagem. Podemos usar palavras, que se assemelham aos ingredientes, que são organizados a partir de uma gramática, que seriam as receitas, que dão sentido aos ingredientes, transformando-os em alimentos; o cardápio, ou a sintaxe, organiza por sua vez, dá um sentido para a ordem dos pratos, e os comportamentos de convívio e sociabilidade à mesa se pareceriam com a retórica. Essa analogia, entre comida e linguagem, seriam portadoras, representantes desse sistema à mesa da cultura ocidental.

A cozinha contém e expressa a cultura de quem a prática, é depositária das tradições e das identidades de grupo. Vínculo de autorrepresentação e de comunicação. A cozinha não é apenas um instrumento de identidade cultural. É o primeiro modo de entrar em contato com culturas diferentes. Parece ser mais fácil comer algo de uma cultura diferente do que aprender a língua dessa cultura.

Trocas culturais e contaminações gastronômicas

Muitas vezes, e bem mais do que palavra, é a comida que auxilia na intermediação entre culturas diferentes, abrindo portas. E é assim que os sistemas culinários são acrescidos de toda sorte de invenções, cruzamentos e contaminações. Assim, chegamos ao tema de identidade e troca na cozinha. Palavras que parecem opostas. Afinal, a defesa de uma determinada identidade gastronômica parece se contrapor à necessidade das trocas de ingredientes. O medo da contaminação da identidade cultural por outros. Mas somos historiadores e sabemos que a cultura "pura", "original" e "autêntica" não existe. O que existe são culturas sempre em mudança, em mutações, em contato com outras, muitas vezes em choque, outras em ondas, suavemente.

As tradições gastronômicas são, ao mesmo tempo, conservadoras e permeáveis às mudanças. Cada tradição é fruto de uma série de inovações e adaptações que as acolheu. De uma certa forma, é preciso restituir o tema da identidade culinária à sua dimensão histórica, ao contexto dinâmico dos percursos das trocas, como diria Braudel. Gosto de dar o exemplo da comida brasileira e de suas inúmeras influências africanas. Mas nesta conferência estamos falando do chá, então gostaria de convidá-los a pensar sobre ele nessa tarde, aqui no IHGB.

Gostaria de propor pensarmos o chá em culturas diferentes, assim essas ideias sobre cultura, cozinha, gastronomia e história podem se entrelaçar, podem nos dar *insights*, novos pensamentos e abordagens sobre algo tão prosaico e inserido no nosso cotidiano –

vamos, então, falar rapidamente da cultura do chá na China, no Japão, na Inglaterra e no Brasil. Vamos falar de ideias como as comidas rituais, as comidas de festas, os horários de refeições, gênero e comida, doces e salgados. Apetrechos especiais para o chá também estarão presentes hoje, nessa minha fala aqui no IHGB.

Como disse no começo, uma das maneiras mais fáceis de se entender uma nova cultura é comendo, e ouso acrescentar, pensando sobre os caminhos dos alimentos dentro de determinadas culturas. Podemos partir de uma perspectiva culturalista, como muitos teóricos da alimentação, para entender a história do chá dentro da história da alimentação, pensar que muitas vezes a cultura dos homens explica seus atos, capta as diferenças dos modos alimentares e dos gostos, ajudar a compreender o processo de construção identitária de diferentes culturas e suas transformações. Ainda assim é preciso entender as trocas econômicas e processos sociais, que são fundamentais para determinar a maneira como nos relacionamos com as comidas em geral e com as bebidas, em especial.

Definitivamente não comemos apenas com os dentes ou digerimos só com o estômago, como gosta de lembrar a querida professora Vera Ferlini, da Universidade de São Paulo. Sempre conversamos sobre história da alimentação lembramos de uma passagem de Marx, na *Crítica à economia política*, que é muito adequada. "A fome é a fome, mas a fome que se satisfaz com carne cozida, comida com garfo e faca não é a mesma fome que come a carne crua servindo-se das mãos, das unhas, dos dentes. Por conseguinte, a produção determina não só o objeto do consumo, mas também o modo do consumo, e não só de forma objetiva, mas também subjetiva. Logo, a produção cria o consumidor". Comemos com nosso espírito, degustamos segundo as normas culturais ligadas aos sistemas de trocas recíprocas que está na base de toda vida social. Logicamente que isso vale, e muito para a relação dos homens com as bebidas.

As bebidas são ingredientes muito interessantes para pensarmos na relação do homem com a alimentação. Para sobreviver precisamos apenas de água – todo o resto é construção e cultura humanas. As bebidas coloniais, o chá, o café, o chocolate, como não fazem parte da dieta fundamental humana, têm significados e implicações econômicas, sociais e culturais muito mais profundos. Elas passam por um processo de construção cultural, sendo valorizadas, consumidas, transformadas, bem como respeitadas através de um forte protocolo social de uso. Longe de ser um mero espelho das formas de vivência dos grupos, as bebidas coloniais podem ser vistas como um constructo, uma construção coletiva, e são instrumento de emanações simbólicas passíveis de mudanças. "A alimentação tem uma função estruturante da organização social de um grupo humano. Quer se trate de atividades de produção, de distribuição, de preparação, de consumo, ela é um objeto crucial do saber socioantropológico", afirma o antropólogo Jean Pierre Poulain. E isso inclui as bebidas. Uma das coisas mais interessantes na construção dessa que poderíamos chamar de uma sociologia das bebidas é o outro, a relação com o diferente, o entendimento dessas relações coletivas.

Para o antropólogo francês Claude Lévi-Strauss (perspectiva estruturalista), os alimentos são antes de tudo "bons para pensar" (nas sociedades, nas comunidades). Existem formas de troca em rituais à mesa que escapam à lógica econômica, participando na construção dos vínculos sociais. Isso acontece com a bebidas, elas são boas para pensar as diferentes relações sociais em diferentes sociedades.

A origem e o nome do chá

Gosto da ideia que as palavras também têm história. Sempre começo minhas pesquisas pesquisando no *dicionário Raphael Bluteau*, que está no Instituto de Estudos Brasileiros, da USP. A história do chá começa, de certa maneira, para nós, com a definição da palavra por esse tão conhecido dicionário português editado no começo do século XVIII.

A origem da palavra chá vem da raiz da planta do chá, a *Camellia sinensis*. *Bluteau*, editado em 1727, em Portugal, traz o seguinte em seu verbete sobre o chá: "Chá, ou querem outros *Thé*, é palavra do Japão, de onde vem o melhor. É essa planta um pequeno arbusto, que lança umas folhas delgadas, por uma banda pontiaguda e por outra curta arredondadas, adentadas ao redor e atravessadas de uma espécie de nervos, que se reparte em muitas fibras. Na primavera, colhem os Naturais, ainda pequena, delgada e tenra, e a põe a aquentar num caldeirão em fogo brando e depois de as estender as torcem e as guardam em vasos de Calaim ou estanho bem tapados. Nesse estado nos veem o chá, os que tem as folhas menores e mais inteiras, a cor mais verde e o cheiro mais suave e mais chegado ao de violeta é o melhor [...]". O dicionário ainda elenca das diferenças entre a bebida chinesa, que seria pior, e a japonesa, de melhor qualidade. Bluteau também elenca a discussão sobre as propriedades curativas do chá e sua moda nos salões de Paris – que teria diminuído em relação ao café e ao chocolate.

A palavra chá tem, portanto, dois significados diferentes – é, ao mesmo tempo, uma bebida e um ritual. Mas é também um remédio ou base para vários remédios e marca também um horário, a hora do chá – no Japão faz parte essencial de uma religião, o taoísmo. O chá como bebida deu origem ao ritual, em que comidas feitas especificamente para esse momento são servidas em determinada ordem, acompanhadas pela infusão em água quente de flores, frutas, folhas, ervas ou raízes. O chá se popularizou na Europa no século XVIII e, ao lado do café e do chocolate, ajudou a difundir o gosto por bebidas quentes e adocicadas. Movimentou também os negócios europeus na Ásia e tornou-se moeda de troca em muitas transações comerciais.

A rigor, então, o chá são as folhas da *Camellia sinensis*, em diferentes graus de torra, infusionadas com muitos aromas distintos, como jasmim, bergamota, laranja, limão. Durante a adaptação da planta para sua viagem ao ocidente descobriu-se que o chá torrado se preservava melhor nas grandes travessias marítimas – é o que tomamos usualmente, conhecido como chá preto. No Oriente, a mesma planta pode ser consumida verde, o que resulta em outros sabores e outros rituais.

O chá na China antiga

O chá na China, a região de origem da *Camellia sinensis*, foi primeiramente um remédio. Ele disseminou-se como bebida entre a aristocracia da dinastia Tang, entre as décadas de 581 e 618 depois de Cristo. O chá como bebida foi o que deu origem ao ritual, e, como dissemos, comidas feitas especificamente para esse momento são servidas em determinada ordem, acompanhadas pela infusão em água quente de flores, frutas, folhas, ervas ou raízes.

O consumo de chá marcou o apogeu da dinastia Tang, com um grande período de mais de 300 anos de paz, depois da reunificação chinesa promovida pela família Li, que originou a dinastia Zhou. Foram centenas de anos aonde o esplendor cultural e literário foi estimulado pelo apogeu da arte budista. Foram inventadas a pólvora e as armas de fogo, aprimoraram-se máquina de impressão de xilogravuras, construiu-se uma imensa burocracia estatal e uma classe de aristocratas e servidores imperiais que possuíam riqueza e tempo livre, gasto jogos, como os baralhos, ou em rituais com o do chá.

Nesse período, a religião predominante era o budismo, de influência indiana. O consumo do chá teve seu início nas comunidades taoístas e depois budistas. O mestre Zen Zhaozou (que viveu entre 778-897 depois de Cristo) criou um *koan* ou enigma sobre os Três Drinques de Chá.

Não demorou muito para que tanto o chá como monges budistas chegassem ao Japão, no que era então uma intensa troca comercial entre as regiões continentais e o Japão medieval. O chá foi levado inicialmente ao Japão no século IX, através de um monge budista chamado Eichu, que retornava de uma de suas viagens da

China. No século XII, outro monge chamado Eisai, leva o *matcha* ao Japão, também após uma viagem à China. Considerado um chá verde mais forte, foi inicialmente utilizado em rituais em templos budistas. A partir do século XIII, os famosos samurais passaram a consumir a bebida *matcha*, como uma adaptação do budismo. Com isso, o futuro do chá no Oriente estava traçado.

No Japão, a cerimônia do chá tornou-se um ritual praticamente religioso, como uma cerimônia, que se desenrola da seguinte maneira: uma vez que a lista de convidados é determinada, o anfitrião prepara tudo meticulosamente no mesmo dia em que os visitantes chegam. No dia da cerimônia do chá, ele checa se tudo está perfeito, pendura o pergaminho e o arranjo floral na sala de cerimônia de acordo com a estação do ano. Varre o pavilhão de espera, rega as plantas na passagem do jardim e aguarda os convidados. Ele faz tudo o que deveria ser feito. De fato, diz-se que a cerimônia do chá consiste em fazer as coisas que deveriam ser feitas todos os dias na sua totalidade, como um escape da realidade cotidiana.

São quatro princípios que regem a cerimônia do chá japonesa: *Wa*, harmonia, *Kei*, repeito, *Sei*, pureza, *Jaku*, tranquilidade, que são os quatro princípios do *Chado*, o caminho ou cerimônia do chá. São dois tipos de cerimônia do chá: *Chakai* (茶会) que são encontros simples, e o *Chaji* (茶事) que são encontros formais e podem durar até quatro horas. O praticante da cerimônia do chá precisa ter conhecimento de várias artes tradicionais japonesas, que vão desde o cultivo e variedades de chá a quimonos, caligrafia, *Ikemana*, cerâmica, etiqueta e incensos, além dos procedimentos formais de fazem parte do *Chanoyu*. Em todo o Oriente, o chá fez parte fundamental da cultura e tornou-se um grande negócio com a intensificação do comércio na época moderna.

O chá e o açúcar nas rotas coloniais

A história do chá se entrelaça com a do açúcar e das bebidas coloniais, o chocolate e o café. A expansão portuguesa em busca de especiarias também significou uma busca por lugares aonde plantar açúcar. No Brasil, o Engenho dos Erasmos, construído em 1534, é um exemplo da voracidade de plantar cana de açúcar para se fazer e comerciar açúcar. E foi justamente o açúcar brasileiro que ajudou a difundir a cultura do chá, do café e chocolate na Europa, que transformou esses produtos coloniais em mercadorias desejadas e valiosas, movimentando de maneira inexorável a economia mundial.

Mas bebidas coloniais não foram apenas mercadorias. No processo de popularização e de expansão do consumo, elas se transformaram. Numa Europa fria, bebidas quentes e calóricas fizerem extremo sucesso e todas elas mudaram a cultura aonde se desenvolveram, criando novas formas de sociabilidade, novos lugares de encontro, como as casas de chá e os cafés. Na Espanha, o chocolate tornou-se essencial como elemento de distinção social em reuniões íntimas da aristocracia.

O chá moveu a economia de diferentes maneiras, ao longo da idade moderna. Sua prática exigia aparelhos de cerâmica vindos do Oriente, novos objetos, criados especialmente para novos rituais – as inúmeras xícaras de porcelanas, pratinhos e colherzinhas que acompanhavam a cerimônia. Eram verdadeiros aparelhos de cerâmica oriental completos, encomendados com monogramas e adquiridos por família nobres, conferindo aos seus donos evidentes sinais de distinção e poder. Esses aparelhos de porcelanas eram trazidos do Oriente, acrescentando mais um item de importação para a Europa. Norbert Elias, em *A sociedade de corte*, vai destacar esses momentos de lazer e distinção social da aristocracia europeia, especialmente na corte de Luis XIV. As bebidas coloniais traziam também outras comidas associadas a elas. Geralmente eram doces, bolos, pães.

O papel de Portugal e Catarina de Bragança

Portugal teve uma enorme influência na disseminação do chá, como mercadoria, e da cultura do chá no Ocidente. Suas relações comerciais com a China e com

Japão fizeram com que a primazia do comércio de chá, e por muito tempo também, o monopólio do comércio do chá ficasse nas mãos dos mercadores portugueses.

Catarina de Bragança, filha do rei português João IV, reforça os laços entre os países e se casa com Carlos II, da Inglaterra. O enorme dote da noiva incluiu os postos comerciais de Bombaim, na Índia, e Tânger, no Marrocos, e o direito de negociar com a China – o principal negócio era o comércio do chá. A rainha Catarina, recém-casada, levou o hábito para a corte, com suas damas de honra. Era um hábito pessoal, mas também uma maneira de fomentar os negócios de seu país natal, como convinha a princesa num casamento real.

Mas este foi apenas o começo da trajetória do chá na Inglaterra. Logo, a Inglaterra dá à Companhia das Índias o monopólio do comércio com o Oriente, o que incluía o rico comércio com a Índia e a China. Mercadorias básicas negociadas então eram então algodão, seda, corante, índigo, sal, salitre, chá e ópio. Com o tempo a coroa inglesa preferiu fomentar o consumo do chá entre seus súditos e a bebida tornou-se um hábito, um ritual e um horário.

Rituais de chá, domesticidade e distinção social

O século XIX viu um *boom* de produção e consumo das bebidas coloniais – foram chamadas de bebidas sobriezantes, cujos efeitos no organismo eram contrários ao das bebidas alcoólicas, embriagantes. Na Inglaterra, o chá se tornou-se uma refeição entre o almoço (*luncheon*) e o jantar, que passou a ser servido cada vez mais tarde conforme a iluminação das casas se tornava mais barata e mais difundida. Era preciso fazer uma refeição intermediária, que aplacasse a fome até o jantar. O chá tornou-se, assim, uma bebidas da revolução industrial, marcadas pelo tempo rígido do relógio.

O filosofo francês Brilliat Savarin vai escrever na sua *Fisiologia do gosto*: "Passaram a ser oferecidos chás, um tipo de refeição em comum inteiramente extraordinário, uma vez que oferecida a pessoas que almoçaram bem, não supõe nem o apetite nem a sede, tendo por finalidade apenas a distração e por base os acepipes". Na era da domesticidade estimulada pela rainha Vitória, o chá tornou-se uma maneira de se ensinar boas maneiras à mesa. Servia como uma forma de distinção social, de exemplo do modo de vida burguês, da educação do corpo e dos sentidos, da sociabilidades da aristocracia, imitada pela crescente classe média. Era ao mesmo tempo um ritual íntimo e uma demonstração pública de pertencimento de classe.

Esse ritual era estritamente conduzido por mulheres, em reuniões íntimas dentro de casa ou em casas de chá espalhadas pelas cidades, que cresciam. Vestidas com *tea gowns*, os trajes para o chá, elas mostravam a influência oriental e a origem do chá em robes de chambre, nos motivos orientais dos papéis de paredes e das gravuras, em sala decoradas com cetins, sedas, almofadas e pianos.

Uma das cenas mais marcantes da literatura inglesa do século XIX ocorre em *Alice no País das Maravilhas*, de Lewis Carroll, publicado em 1865. Nela, a protagonista participa de uma excêntrica festa do chá ao lado do Chapeleiro Maluco, da Lebre de Março e do pequeno Arganaz. A lebre consulta constantemente seu relógio, afirmando estar sempre atrasada – embora nunca saibamos exatamente para quê. Durante o ritual, o tempo parece se distender e se embaralhar, alheio à rigidez dos ponteiros. A conversa gira em torno do tempo, do hábito e do deslocamento – lembrando-nos de que o chá, além de bebida, é também um espaço suspenso no cotidiano, um intervalo entre regras e imaginação.

Ao longo dos séculos, o chá percorreu geografias, crenças, impérios e interiores domésticos, tornando-se símbolo de distinção, rito espiritual, mercadoria colonial e gesto de hospitalidade. Carregado de sentidos e sensações, ele revela como a alimentação ultrapassa a necessidade fisiológica para se inscrever como linguagem cultural. Pensar o chá é, portanto, pensar as formas com que sociedades moldam seus hábitos, seus objetos e seus encontros. Ao final deste percurso, resta não apenas o gosto – mas também o silêncio, o gesto, a porcelana, a pausa. E, com ela, a permanência de um costume que, sendo ao mesmo tempo antigo e cotidiano, nos conecta à história de maneira sensível e partilhada.

Referências

CHIKAMATSU. *Stories from a Tearoom Window*: Lore and Legends of the Japanese Tea Ceremony. North Claredon: Tuttle Publishing, 1982.

FOULKES, Maït. *Les saveurs du thé*. Paris: Éditions Phillipe Picquer, 1998.

GAYLAND, Linda. *O livro do chá*. São Paulo: PubliFolha, 2017.

HECK, Marina e BELLUZZO, Rosa. *Cozinha dos imigrantes*. São Paulo: DBA, 1998. "Japão".

MINTZ, Sidney. *Sweetness and power*: the place of sugar in Modern History. Nova York: Penguin, "Eating and being", p. 187-214.

MONTANARI, Massimo e FLANDRIN, Jean-Louis. *História da alimentação*. São Paulo: Estação Liberdade, 2015, "Os cristãos do Oriente: regras e realidades alimentares no mundo bizantino", p. 311 -380.

SANTICH, Barbara. "Food and ceremony". *Petit Propos Culinaires*, n. 56. Londres: Prospect Books, 1997, p. 40-45.

SIMPSON, Helen. *The Ritz London book of afternoon tea*. Londres: Ebury Press, 2006.

SCHIVELBUSCH, Wolfgang. *Tastes of paradise*: a social history of spices, stimulants and intoxicants. Nova York: Vintage Books, 1992.

SEN XV, Soshitsu. *Vivência e sabedoria do Chá*. São Paulo: T. A. Queiroz Editora, s/d.

STANDAGE, Tom. *História do mundo em 6 copos*. Rio de Janeiro: Jorge Zahar Editor, 2005. "O chá e o império britânico", p. 137-175.

TANAHILL, Reay. *Food in History*. Londres: Penguin Books, 1988, "Gastronomic Grand Tour", p. 252-276.

VOLGLER, Pen. *Tea with Jane Austen*. Londres: Cico Books, 2016.

WILDE, Oscar. *Chá das cinco com Aristóteles e outros artigos*. Rio de Janeiro: Lacerda editores, 1999.

O projeto fracassado do chá no Brasil: estrutura agrária, experiências imperiais e limites coloniais

Enquanto o Império Britânico conseguiu transformar a Índia e o Ceilão em grandes produtores de chá para o mercado global, o Brasil fracassou em tornar a *Camellia sinensis* uma mercadoria de exportação. A história da planta no Brasil, longe de ser uma curiosidade botânica, revela impasses estruturais da formação agrária nacional e as tensões entre projetos ilustrados e realidades coloniais.

As tentativas imperiais: do Jardim Botânico aos sítios cafeeiros

Em 1808, com a chegada da corte portuguesa ao Brasil, foi fundado o Jardim Botânico do Rio de Janeiro, que logo se tornou um pólo de aclimatação de espécies exóticas. Entre elas, mudas de *Camellia sinensis*, trazidas de Macau, foram plantadas em viveiros experimentais. Para conduzir o cultivo, o governo recrutou trabalhadores chineses, que chegaram ao Rio em 1810. Essa foi a primeira tentativa organizada de inserir o Brasil na economia global do chá.

A história da instituição que abrigava os primeiros canteiros de chá também se inscreve num espaço urbano em trânsito: como mostra Luciene Carris, o bairro do Jardim Botânico evoluiu de enclave imperial e botânico para reduto industrial-operário entre 1884 e 1962, marcado por vilas de imigrantes e fábricas têxteis. Essa transformação revela como o projeto científico do chá se inseria em uma paisagem que se reconfigurava social e economicamente – longe de se tornar centro agrícola ou exportador (Carris, 2021).

As experiências se expandiram, de forma modesta, para sítios nas províncias do Rio de Janeiro e de São Paulo, especialmente em Nova Friburgo, Petrópolis, Campinas e no Vale do Paraíba. Pequenos proprietários ilustrados testaram o cultivo da planta, geralmente com trabalhadores livres ou imigrantes. Apesar de algumas colheitas bem sucedidas, essas iniciativas não se consolidaram nem ganharam escala comercial.

O consumo urbano e os mercados de chá

Em 1850, um anúncio publicado no *Correio Mercantil*, em 1º de janeiro de 1850, revelava a presença do chá como artigo comercializado no Rio de Janeiro e sua inserção nos hábitos de consumo urbanos:

> **A loja da China**
>
> Fornece à família real.
> Rua da Candelária 18, em frente à Igreja.
> Há mais de 40 anos que é conhecida no seu comando. Nela se encontra sempre à venda, para todos os preços segundo a qualidade, todos os melhores chás, preto e verde, da China e do Brasil, entre os quais há chá especial para dietas:
> Mate para chá ou bule.
> Chocolate espanhol e francês, de saúde e para dieta.
> Sagu aljofrado e em pó, o melhor possível.
> Araruta da melhor.
> As melhores sementes de hortaliças.
> Raízes de cebolas da mais belas e mimosas flores.

Esse registro sugere tanto a tentativa de incorporar o chá nacional como alternativa comercial quanto a presença consolidada do chá importado como produto de prestígio.

Outro anúncio, publicado no jornal *O Commercio*, em 4 de dezembro de 1850, reforça a coexistência do chá importado e do nacional no mercado de consumo:

Chá Hyson da mais superior qualidade

Vende-se a 2$560 a libra, em Niterói, largo municipal 2, loja de papel.

Chá nacional

O melhor que tem aparecido 1$500 réis a libra. Faz-se algum abatimento de quem comprar 10 libras para cima

A diferença de preços e o apelo à qualidade demonstram que o chá verde brasileiro circulava com algum prestígio, mas ainda era percebido como produto de menor valor frente ao importado.

Além do chá verde, outro tipo de infusão bastante presente nas práticas de consumo do século XIX era o chá-mate (*Ilex paraguariensis*). Considerado um produto nacional e mais acessível, o mate era oferecido tanto em folhas soltas quanto preparado em bule, como indicava o anúncio da Loja da China. Sua popularidade se devia ao custo reduzido, ao valor medicinal atribuído à bebida e à familiaridade cultural com infusões quentes nas camadas médias e populares.

Originária da cultura guarani, a planta teve seu consumo secular incorporado ao cotidiano das comunidades do Sul do país. No Paraná, Santa Catarina e Mato Grosso do Sul, o mate chegou a representar cerca de 85% da economia estadual em meados do século XIX. Produzido inicialmente por extrativismo nas matas nativas e beneficiado de forma rudimentar, passou, a partir da década de 1820, a ser industrializado em engenhos modernos nas cidades de Paranaguá, Curitiba e Morretes.

Mesmo fora de sua base produtiva, o chá-mate já circulava em centros urbanos como o Rio de Janeiro, onde era vendido como "chá para bule" e associado a usos terapêuticos ou dietéticos. No século XX, consolidou-se também em outras formas de consumo: servido gelado com limão por ambulantes cariocas, tornou-se tradição e foi reconhecido como patrimônio cultural. O mate, assim, ocupava uma posição singular: não era alvo dos projetos imperiais de aclimatação e exportação como o chá chinês, mas representava uma alternativa enraizada no cotidiano urbano, acessível e difundida, ainda que ausente dos circuitos de prestígio.

Recomendações agronômicas e ausência do chá na produção

Carlos Augusto Taunay, em seu *Manual do agricultor brasileiro* (1839), oferecia orientações para pequenos proprietários e administradores rurais sobre diversificação agrícola no Brasil imperial. Embora o texto se dedicasse especialmente ao café por sua centralidade econômica, suas instruções sobre manejo da terra e cultivo de espécies exóticas indicam que o chá – enquanto planta de interesse científico – estava ausente das práticas agronômicas realistas. Sua não inclusão direta no manual reflete a baixa viabilidade econômica e a pouca adesão prática dos agricultores da época à cultura da *Camellia sinensis*.

Essa lacuna reforça a ideia de que, apesar das experiências ilustradas e científicas, o chá nunca se integrou plenamente à lógica produtiva do Brasil oitocentista, que priorizava culturas de fácil adaptação, baixo custo de manejo e rápida comercialização.

A estrutura fundiária e produtiva brasileira no século XIX estava alicerçada na monocultura voltada à exportação e sustentada pelo trabalho escravizado. O chá, cultura que exige manejo técnico, colheita delicada e secagem cuidadosa, contrastava com a lógica extensiva, de baixa tecnificação e alta rotatividade da mão de obra. Mesmo com o fim do tráfico atlântico, a transição para o trabalho imigrante foi absorvida pela cafeicultura, deixando o chá como experiência lateral.

A dispersão institucional e urbana ilustrada por Carris (2021) evidencia que, enquanto a lógica imperial tentava fixar plantas exóticas como símbolo de modernização, a própria área física do Jardim Botânico se transfigurava em periferia industrial – tornando ainda mais difícil consolidar cultivos que exigissem continuidade e tecnificação.

A formação histórica e o imaginário da terra

Sérgio Buarque de Holanda, em *Caminhos e Fronteiras*, observa que a ocupação territorial brasileira se deu sob o signo da mobilidade e da rarefação das estruturas. A fronteira sempre precedeu a estabilidade. Nesse contexto, culturas como o chá, que exigem fixação, técnica e continuidade, não encontraram ambiente simbólico nem material para prosperar.

"O deslocamento constante, a rarefação das estruturas e a substituição do espaço pelo movimento impediram o enraizamento de formas agrícolas que exigissem continuidade e permanência, escreve" Sérgio Buarque de Holanda.

Caio Prado Júnior, por sua vez, em *Formação do Brasil contemporâneo*, destaca que a colonização foi uma "empresa comercial" voltada ao lucro rápido e à exploração de gêneros demandados pela metrópole. Culturas que exigiam planejamento de longo prazo, como o chá, não se adequavam à racionalidade econômica predominante. A produtividade intensiva e tecnificada era exceção, não regra. Assim, escreve o autor, "a colonização do Brasil é uma empresa comercial. Sua estrutura e desenvolvimento devem obedecer aos fins lucrativos que a orientam desde a origem."

Uma planta deslocada

A história do chá no Brasil revela assim o descompasso entre projetos de modernização ilustrada e as bases estruturais da economia brasileira. A *Camellia sinensis* foi um experimento botânico, um gesto de ambição imperial, mas também uma planta deslocada no tempo e no espaço num país que, àquela altura, não possuía nem os meios nem o interesse de torná-la mercadoria. Ao contrário do café, que encontrou solo fértil e sistema social compatível, o chá foi uma promessa não cumprida, uma cultura de exceção.

A história de seu fracasso é reveladora: ela nos obriga a pensar o que poderia ter sido, mas também o que realmente fomos.

Referências

CARRIS, Luciene. *Histórias do Jardim Botânico: um recanto proletário na zona sul carioca*. Rio de Janeiro: Telha, 2021.

CEDERVA – Centro de Desenvolvimento da Erva-Mate do Vale do Araçá. *A erva-mate no século XIX*. Disponível em: https://www.cederva.org/a-erva-mate-no-seculo-xix. Acesso em: jul. 2025.

HOLANDA, Sérgio Buarque de. *Caminhos e fronteiras*. São Paulo: Companhia das Letras, 1994.

Matereal. *História do chá-mate no Paraná*. Disponível em: https://matereal.com.br/historia-do-cha-mate-no-parana. Acesso em: jul. 2025.

PRADO JÚNIOR, Caio. *Formação do brasil contemporâneo*. São Paulo: Brasiliense, 2000.

TAUNAY, Carlos Augusto d'Escragnolle. *Manual do Agricultor Brasileiro*. Rio de Janeiro: Typographia Nacional, 1839. Disponível em edições fac-similares.

Rituais de porcelana: mulheres, escravidão e memória no serviço de chá do IHGB

A mesa estava posta para o chá. O Chapeleiro, a Lebre de Março e a Tartaruga de Cachos estavam todos sentados à mesa, e Alice estava tentando descobrir como se sentar também, quando alguém lhe disse: 'Por favor, não se incomode em tentar. O lugar já está ocupado.' 'Mas eu não vou me incomodar em tentar', disse Alice, 'porque não há lugar para mim.' 'Bem, isso é uma verdadeira pena', disse o Chapeleiro. 'Mas você poderia beber chá com a gente, se quisesse.' 'Eu não gostaria de beber chá com vocês', disse Alice. 'Você está me chamando de louca?' 'Eu não estou chamando você de louca', disse o Chapeleiro. 'Mas vou lhe dizer uma coisa, Alice: todos aqui somos loucos!'

Lewis Carrol, *Alice no país das maravilhas*

Entre os muitos objetos preservados no acervo do Instituto Histórico e Geográfico Brasileiro (IHGB), destacam-se as louça de chá brasonadas pertencente s às famílias da elite imperial brasileira. Decoradas com brasões de armas e motivos ornamentais típicos do século XIX, essas peças de porcelana não são apenas vestígios de uma prática doméstica elegante: elas condensam, em sua materialidade, formas de distinção social, heráldica familiar, projetos de memória e modos de sociabilidade próprios das elites do Império. Ao serem preservadas por uma instituição dedicada à construção da história oficial da nação, essas louças ganham novo estatuto: tornam-se parte de uma narrativa material sobre identidade, linhagem e poder.

Este texto parte da análise dessa coleção específica para discutir a cultura do chá no Brasil oitocentista como um espaço simbólico e material de reprodução da ordem social. Ao considerar as dimensões formais e rituais do serviço de chá – suas normas de etiqueta, seus aparatos e seus significados –, buscamos compreender como objetos aparentemente banais participam da organização do mundo social, no caso do Brasil do século XIX. O chá no Ocidente, tal como o vestuário ou a arquitetura doméstica, não era apenas consumido: era encenado. E essa encenação exigia atores distintos, visíveis e invisíveis, incluindo as mulheres da casa e os empregados e empregadas domésticas – na Inglaterra vitoriana, criadas; no Brasil, mulheres escravizadas, ambas encarregadas da lida e do serviço doméstico. Como plateia, os homens de elite, os convidados de honra. Assim como na Inglaterra, aonde esse ritual se inicia, no Brasil o chá serve como refeição em que se afirmam as distinções sociais.

A análise da louça brasonada permite, dessa forma, articular diferentes camadas da história cultural: de um lado, os gestos de distinção da elite imperial, que marcava seu lugar por meio do brasão e da porcelana importada; de outro, a presença silenciosa, mas fundamental, das mulheres escravizadas na coreografia doméstica que sustentava essas práticas. A mesa de chá se revela, então, como um microcosmo do Brasil imperial: uma cena refinada que, por trás do luxo, escondia hierarquias profundas, trabalho forçado e projetos de poder simbólico.

Para explorar essa dimensão, esse artigo se organiza em quatro partes. Na primeira, é analisada a coleção de xícaras brasonadas do IHGB. Na segunda parte, a louça é vista como objeto de distinção e portador de memória. Em seguida, discute-se o papel da domesticidade feminina nas cerimônias do chá, evidenciando como as mulheres contribuíam para a construção da reputação familiar. O terceiro item trata da atuação das escravizadas e dos escravizados no serviço de chá, com base em fontes documentais e iconográficas.

O serviço de chá, enquanto prática doméstica da elite imperial, pode ser entendido como um ritual alimentar carregado de sentidos sociais. Como apontam autores da história da alimentação, os hábitos à mesa não apenas refletem a sociedade, mas a constituem. Sidney Mintz (1985), ao analisar o consumo de açúcar no mundo atlântico, mostra como alimentos e bebidas participam da formação de estruturas de poder e dominação cultural. Da mesma forma, Reay Tannahill (1988) e Massimo Montanari (1998) indicam que o que se come e como se come revelam hierarquias, cosmologias e mudanças econômicas. No caso brasileiro, o chá, servido em porcelanas importadas, tornou-se não apenas uma bebida, mas um marcador de distinção e de adesão a um ideal civilizatório europeu, essencialmente inglês.

O IHGB e a curadoria da memória nacional

A sala de exposição ocupa o 12º andar do Instituto Histórico e Geográfico. Numa sala ampla e bem iluminada, estão expostos diversos objetos – de bustos de escritores, canetas, cadeiras, espadas a diferentes louças. Dentre essas louças, as xícaras de chá brasonadas. Em ocasiões especiais, outras xícaras, pires e bules saem do acervo e vão para as vitrines. O IHGB tem uma clara vocação memorialista que, ao longo do tempo, baseou-se na reunião de documentos, objetos e símbolos de épocas passadas, com ênfase no Império. Dessa forma, a coleção de porcelanas e cristais brasonados ocupa um lugar estratégico: ela permite materializar, em objetos sensíveis e delicados, a memória do prestígio social, do gosto aristocrático e da ideologia monárquica do século XIX.

Segundo registro do próprio IHGB:

> Os 66 exemplares de vários tipos de louças, porcelanas e cristais armoriados, em sua maioria pratos, que pertencem a serviços de mesa procedentes de diferentes séculos (XVIII, XIX e XX), formam a coleção de mais rica policromia do IHGB. O esplendor desses esmaltes queimados na China e na Europa traz, junto à sua inerente fragilidade, o vislumbre de uma sociedade desaparecida.

Trata-se de uma coleção que remete diretamente à corte joanina, à monarquia brasileira pós-independência e às grandes casas do Império, revelando uma manifestação de poder cuja função ultrapassa o uso: ela materializa a memória de uma elite que se via como herdeira da civilização europeia. A presença de peças como os serviços Vista Grande, Pastor, Galos e Duchesse d'Angoulême – alguns com brasões imperiais e outros com armas compartilhadas de Portugal e Brasil – confirma a dimensão política dessa louça.

O relato de uma condessa de Paris, citado no mesmo texto, dá um tom anedótico à questão:

> "Ao avistar Gastão de Orléans, conde d'Eu, descer da escadaria do Paço de São Cristóvão numa ocasião às cozinhas do Palácio, encontrou os empregados comendo em preciosos serviços da Companhia das Índias. Além do evidente bom gosto da criadagem, [...] não há maiores referências a qual família pertencia essa preciosa louça chinesa executada para uso no Ocidente."

A cena é reveladora: a "criadagem" é referida com certo humor, mas o foco permanece na preciosidade da porcelana. O que se costuma preservar nos museus e instituições são os objetos. Mas podemos pensar um pouco além, e tentar recriar as cenas em que esses mesmos objetos eram usados no cotidiano. O caminho das louças para chegarem às vitrines do IHGB é conhecido: após a Proclamação da República, entre agosto e novembro de 1890, os bens palacianos, incluindo mais de mil peças de cristal e louça brasonadas da família imperial, foram leiloados. O barulho dos leilões, comenta o texto, era tudo o que restava da monarquia: um "barulho de memória".

Gosto de pensar que os artefatos domésticos não são apenas testemunhos passivos da vida privada: eles são agentes de construção de gênero, classe e subjetividade. A cultura material do lar, especialmente a que envolve o cuidado, o servir e a ornamentação, constitui uma rede simbólica onde as mulheres são moldadas como guardiãs da moralidade, da ordem e da estética burguesa – e as criadas escravizadas que cozinhavam e serviam são escondidas da vista de todos e da história. E, assim, essas referências tão visíveis desaparecem com o tempo, e a memória da domesticidade é sempre preservada nas instituições em sua forma masculina e heráldica, mas esvaziada de sua dimensão relacional e de gênero (Carvalho, 2008).

O processo de produção histórica envolve mecanismos de silenciamento: certos sujeitos, práticas e experiências são deliberadamente apagados ou subordinados à narrativa dominante (Trouillot, 1995). Nos inúmeros museus pelo mundo, a valorização das louças, brasões e serviços finos de mesa expostos nas vitrines convive com o o apagamento das trabalhadoras – escravizados, libertos, criadas – que manipulavam, lavavam, serviam e, em muitos casos, herdavam esses objetos em silêncio.

Vemos as vitrines e nos esquecemos que foram pessoas que estavam por trás das xícaras, comendo, tomando chá, preparando os biscoitos e bolos, lavando a louça. Os objetos são nomeados pelas famílias, pelas armas heráldicas, pelas técnicas de esmaltação, pelos negócios de importação, mas não pelas mãos que os operavam. Essa operação de apagamento reitera a lógica senhorial que estrutura muitos acervos: a história é contada a partir da mesa, mas não a partir da cozinha; a partir do brasão, mas não da senhora que recebia os convidados e muito menos da mucama ou da cozinheira que preparava, servia e lavava as louças.

Vemos nas louças, peças interessantes, majoritariamente francesas, inglesas ou chinesas – Baccarat, Limoges, Companhia das Índias –, a dependência de um imaginário aristocrático internacionalizado. Como nota o próprio catálogo, apenas produtos modestos como garrafas e frascos eram fabricados no Brasil. A brasilidade aparece em objetos importados, filtrada pelo gosto europeu e legitimada pelas práticas de elite carioca, afinada com seus pares europeus.

Nesse sentido, as louças,as xícaras e bules não apenas preservam a memória de uma aristocracia imperial: elas atualizam, por sua própria exibição museológica, as exclusões simbólicas e sociais que estruturaram o Brasil oitocentista.

A mesa de chá do Brasil oitocentista revela-se, à luz da análise de sua cultura material, um verdadeiro microcosmo da sociedade imperial. Nela convergem distinção social, domesticidade feminina, hierarquias raciais e processos seletivos de memória. O simples gesto de servir chá com louça brasonada torna-se, nesse contexto, carregado de significados que ultrapassam a etiqueta: ele materializa a ordem social, performa o prestígio das famílias e silencia os sujeitos que sustentavam, invisivelmente, esse ritual cotidiano.

A louça brasonada como objeto de distinção

O Império brasileiro se afirmou não só por meio de instituições políticas, mas também por uma estética imperial que incluía brasões, retratos, rituais e objetos de distinção. Como observou Lilia Schwarcz (1998), o projeto imperial brasileiro envolveu uma extensa operação de construção simbólica de autoridade, em que a visualidade e os objetos cotidianos desempenhavam papel central. Nesse sentido, a louça brasonada deve ser lida como parte dessa lógica de legitimação simbólica, inserida na vida doméstica e nos gestos cotidianos de uma elite que se pretendia herdeira da nobreza europeia. A porcelana com brasões não apenas decorava a mesa: ela encenava, silenciosamente, a continuidade e a ordem do Império.

A coleção de louças brasonadas do Instituto Histórico e Geográfico Brasileiro expressa, em sua materialidade, a articulação entre distinção social, memória institucional e performance de poder simbólico no Brasil oitocentista. Produzidas em sua maioria na Europa e na China por encomenda, essas porcelanas decoradas com brasões imperiais e familiares ultrapassam a funcionalidade cotidiana e servem como objetos cerimoniais, incorporando um universo de códigos visuais e narrativas de pertencimento.

A escolha e o uso dessas louças brasonadas não podem ser compreendidos como simples preferências estéticas. Bourdieu (2007) vai dizer que o gosto é um operador social, resultado de um *habitus* incorporado ao longo do tempo e estruturado pelas condições de classe. O que parece ser uma seleção pessoal ou um atributo "natural" do bom gosto é, na verdade, uma prática de distinção. A coleção do IHGB, exposta em vitrines bem arrumadas, se torna viva quando buscamos exemplos na literatura do ritual do chá – são passagens em que a ideia de domesticidade, exclusividade e feminilidade são reforçadas.

A literatura oitocentista brasileira confirma o caráter altamente codificado do serviço de chá e seu poder simbólico como momento de distinção. Em *Memórias póstumas de Brás Cubas*, o narrador de Machado de Assis (1881) descreve: "Havia em casa de minha mãe um chá todas as noites, e com o chá vinha a conversação, o riso, os pães de ló e os suspiros. Nada havia mais grave que o chá das senhoras." O tom irônico revela, entretanto, a seriedade com que se encarava esse ritual cotidiano – espaço de sociabilidade regulada, onde a etiqueta e os objetos, como a porcelana, organizavam as posições no convívio.

Do mesmo modo, Joaquim Manuel de Macedo (1844), em *A moreninha*, pinta um ambiente burguês em que a louça é sinal de refinamento: "No salão estavam as senhoras, e o chá fumegava nas xícaras de porcelana fina, com flores douradas, que só em casa de d. Ana se via." Na menção à exclusividade da louça reforça seu valor simbólico, situando o objeto no universo das práticas de distinção social.

A presença dessas louças nas práticas cotidianas e rituais do Instituto reafirma a importância da materialidade na construção simbólica da elite imperial. Elas integram o que Bourdieu (1982) denominou "economia das trocas simbólicas", isto é, um sistema no qual os objetos funcionam como mediações sociais, dotadas de valor não apenas material, mas também cultural e político. Nesse sentido, o brasão estampado na porcelana opera como uma "assinatura social", uma marca visível de autoridade e legitimidade.

Essa teatralidade do ritual do chá está também em *Senhora*, de José de Alencar (1875), quando o autor descreve: "O chá estava servido com todo o luxo: porcelana da China, açucareiro de prata, torradas delicadas e um bule que exalava o perfume suave da infusão." Na enumeração dos objetos – com destaque à origem da porcelana – projeta uma *mise-en-scène* burguesa, na qual o refinamento é tanto sensorial quanto simbólico.

No caso do serviço de chá no Brasil imperial, o gesto de oferecer chá em louça brasonada representava a ordenação de um espaço de sociabilidade hierarquizado, no qual as posições são organizadas por critérios de nobreza, instrução e tradição. Cada peça da coleção pode ser lida como um fragmento dessa *mise-en-scène*, na qual o consumo é performance de civilidade e domínio cultural.

A teatralidade dessa distinção material também pode ser lida à luz da análise de Raimundo Faoro (1996), que identifica, na elite imperial brasileira, uma tentativa de inscrever-se artificialmente na tradição da nobreza europeia, simulando os códigos simbólicos do Antigo Regime em uma estrutura social dominada por bacharéis, funcionários e intelectuais. Essa elite, para Faoro, havia formado um "estamento burocrático" que se utilizava de signos aristocráticos como os brasões não apenas para afirmar poder, mas para ocultar sua origem não-nobre e reorganizar-se como classe dirigente a partir do aparato estatal. A louça brasonada, nesse sentido, é um artefato exemplar dessa operação simbólica: ao inscrever brasões em objetos cotidianos, ela transfigura o serviço de chá em um ritual de consagração social e de memória hierarquizada.

Além disso, a própria preservação dessas peças – participa da construção de uma narrativa biográfica institucional, coerente e contínua, em que o passado se apresenta como patrimônio naturalizado. Assim, gosto de pensar que a louça brasonada pode ser compreendida como um artefato em movimento, cuja história envolve circulação transcontinental, redes de comércio e disputas de memória. Se para Montanari a comida é cultura e se assemelha à linguagem, o ritual de chá pode seguir o mesmo caminho. Saber participar de um chá, usar a louça, conversar sobre assuntos amenos, beliscar as iguarias significava o entendimento de uma linguagem não verbal. Dominar essa linguagem indicava, portanto, pertencimento social.

A circulação dos objetos, no caso, xícaras e louças, inscrevia-se em um circuito global iniciado no século XVII com o comércio promovido pelas Companhias das Índias. A Companhia das Índias Orientais inglesa e a holandesa (VOC) que foram responsáveis por introduzir na Europa – e, indiretamente, nas Américas – porcelanas armoriais produzidas na China, especialmente na região de Jingdezhen. Essas peças eram personalizadas com brasões europeus, e sua presença em coleções brasileiras revela não apenas a adesão a um modelo de distinção globalizado, mas também o desejo de inscrever-se em uma tradição nobre transnacional (Finlay 2010; Appadurai 1986).

A louça brasonada do IHGB, portanto, pode ser entendida como um documento material que sintetiza práticas sociais, relações de poder e estratégias de distinção simbólica. Nela convergem genealogias reais ou aspiradas, formas de sociabilidade erudita e uma política da memória que se ancora na superfície delicada da porcelana.

Como propõe Roger Chartier (1990), os objetos são constituintes de práticas sociais e, ao mesmo tempo, depositários de representações compartilhadas. A louça dos rituais do chá do IHGB, nesse sentido, não apenas materializa distinções sociais, mas participa da produção de sentidos sobre pertencimento, memória e autoridade. É por meio de seu uso ritualizado, da visibilidade dos brasões e da codificação estética que esses objetos se tornam inteligíveis dentro de uma cultura que valoriza a linhagem, o gosto e a ordem.

A estética dos objetos nunca é neutra: os elementos formais e ornamentais carregam valores sociais codificados (Forty, 2007). No caso da louça brasonada, o brasão não é apenas um enfeite – ele expressa uma concepção de linhagem, civilidade e autoridade. Assim, o design dessas peças participa da construção simbólica da elite, articulando forma e função à lógica do prestígio. Como objetos de desejo, essas louças materializam ideais de distinção e domesticidade, ao mesmo tempo em que organizam gestos e práticas do convívio social.

O serviço de chá e a domesticidade feminina

No Brasil oitocentista, sobretudo nas camadas médias e altas da sociedade urbana, o serviço de chá representava mais do que um hábito alimentar: era um ritual profundamente associado à domesticidade, à distinção social e ao universo feminino. O momento do chá, geralmente servido à tarde ou no início da noite, convertia-se em ocasião privilegiada para a reafirmação de normas de conduta, hospitalidade e bom gosto, especialmente no espaço da casa.

Na Corte, a crescente valorização dos interiores domésticos como espaços de refinamento e sociabilidade coincidiu com a centralidade atribuída às mulheres na gestão da casa. A elas cabia não apenas organizar o serviço, mas também personificar os valores morais e estéticos projetados sobre o lar. Como observa Michelle Perrot (2005a), o espaço doméstico se constitui como um lugar de encenação da virtude, da contenção e da civilidade para as mulheres de elite – e essa encenação, longe de ser mera reprodução, é também ação, presença e marca dos modos como as mulheres agiam naquela sociedade. Perrot se dedica, no volume 4 da *História da vida privada*, à análise das mulheres como "atrizes" desse mundo doméstico burguês, mostrando que, mesmo dentro dos limites impostos pela moral do recato, as mulheres atuavam, controlavam, mediavam e se afirmavam por meio dos gestos cotidianos (Perrot 1991).

O serviço de chá brasonado, como o preservado pelo IHGB, materializava essa lógica: era ao mesmo tempo signo de status familiar e instrumento de performatividade de gênero. A escolha da louça – a origem europeia, o brasão impresso, a delicadeza do conjunto

– dizia tanto sobre a linhagem da casa quanto sobre o gosto e o refinamento de sua senhora. As práticas que envolviam o chá – servir, oferecer, conduzir a conversa, comentar a porcelana – eram aprendidas por mulheres desde cedo, nos códigos de etiqueta e nas relações de sociabilidade feminina, e marcavam as fronteiras simbólicas entre o "bem viver" e a rusticidade.

Além disso, o chá representava um tempo doméstico particular, distinto das refeições principais e carregado de nuances simbólicas: não era o momento do sustento, mas da partilha, da conversa e da mediação social. A domesticidade aqui se manifesta como forma de agir das relações femininas, ainda que circunscrita aos limites do lar e das convenções sociais. A anfitriã não era apenas a "dona da casa", mas a encenadora de uma cultura material sofisticada, que mobilizava objetos, gestos e papéis de gênero. Ela colocava o valor de sua família naquelas reuniões.

A etiqueta e a civilidade burguesas se consolidam no longo prazo na idade moderna como formas de autodomínio e diferenciação, e o serviço de chá se inscreve exatamente nesse campo: um ritual minucioso, ensinado e exercido com rigor, que articulava classe, gênero e cultura material (Elias, 1990). No século XIX, esse exercício mostrava pleno poder e domínio burguês. Assim como o restaurante, o ritual do chá é uma instituição constituinte da sociedade vitoriana.

A presença feminina nos rituais de chá mais uma vez é reafirmada pela literatura. Em *A falência* (1901, p. 353), de Júlia Lopes de Almeida, temos um diálogo que ilustra a centralidade do chá no cotidiano e nos gestos femininos:

> — Não... Dê-me uma xícara de chá...
> — Mas o bife e os ovos aí vêm...
> — Não quero nada. Só chá.
> — Coma então destas bolachinhas. Estão muito bem feitas.

Nesse momento, a protagonista Nina assume a atmosfera do chá - pausa, espera, delicadeza - como lugar de escolha e presença feminina.

A análise das práticas do chá no interior da casa também exige atenção para as presenças invisíveis que possibilitavam sua execução: criadas, mucamas, cozinheiras - muitas delas escravizadas - eram responsáveis pela preparação do chá, pela limpeza da louça delicada e pelo serviço discreto à mesa. Ainda que ausentes do centro da cena, essas figuras femininas participavam ativamente da coreografia cotidiana do ritual, e a elas se pode aplicar a noção de "práticas do cotidiano" proposta por Certeau (1994) e Heller (2004), que tensiona o binômio passividade/domínio na vida doméstica oitocentista.

Essa articulação entre o simbólico e o cotidiano é explorada de forma muito interessante por Vânia Carneiro de Carvalho (2008), ao mostrar como os objetos domésticos, longe de serem neutros, constroem códigos de gênero e status. A autora analisa como utensílios e móveis configuram territórios de poder e moldam a feminilidade burguesa, conferindo às mulheres o papel de organizadoras da ordem estética e moral do lar. No serviço de chá, essa lógica é evidente: a anfitriã não apenas serve ou recebe – ela performa distinção por meio de gestos, porcelanas, toalhas e silêncios. É o gênero como artefato, inscrito na materialidade e na coreografia doméstica.

Essa performatividade do gosto feminino – cuidadosamente ensaiada na escolha da louça, no ritual de servir, na composição da mesa – também pode ser compreendida à luz da história da alimentação. O serviço de chá no século XIX é expressão disso: codifica o bom gosto, a decência, a virtude doméstica e, ao mesmo tempo, esconde relações assimétricas de trabalho, raça e gênero. O uso do açúcar, do leite, dos biscoitos refinados – em contraste com a alimentação de escravizados ou pobres – desenha na prática cotidiana a separação entre civilização e barbárie, pureza e desordem.

A experiência feminina na história não se limita ao espaço público ou à ação política visível: ela também se inscreve nos gestos cotidianos, nos objetos silenciosos e nos rituais domésticos (Perrot 2005a). Assim, o chá é um desses espaços de inscrição do feminino no tempo, no cotidiano e na matéria – uma prática que, como vimos, combinava disciplina e afeto, controle e expressão, domesticidade e distinção. Ainda que codificado por normas patriarcais, o serviço de chá oferecia às mulheres de elite um lugar de autoridade simbólica no interior da casa: elas não apenas serviam, mas organizavam, moderavam, conduziam conversas e decidiam o tom e o ritmo da sociabilidade. O "silêncio da história", de que fala Perrot, pode ser rompido quando se escutam os ruídos suaves da louça posta, os sussurros da conversa à mesa e os gestos repetidos que, dia após dia, marcavam a presença ativa das mulheres na construção de um mundo sensível, doméstico e moralmente estruturado.

Escravizados à mesa: trabalho, silêncio e presença no ritual do chá

E ainda assim, o serviço de chá no Brasil oitocentista não era apenas um ritual de hospitalidade e distinção, mas também uma refeição teatralizada, sustentada pelo trabalho invisível de corpos escravizados. Se na Inglaterra o serviço doméstico ficava a cargo de criados e criadas, no Brasil quem fazia o trabalho da vida cotidiana nas casas-grandes e sobrados eram os homens e mulheres escravizados. Eram as mulheres negras escravizadas as responsáveis pela preparação, disposição e oferta do chá, e que permaneciam numa zona de silêncio: estavam presentes na cena, cozinhando, servindo, mas foram apagadas da narrativa. Ao mesmo tempo em que elas garantiam a execução impecável do cerimonial, seu trabalho era deliberadamente ocultado nos registros formais e nos discursos sobre a domesticidade elegante. Ainda assim, em um ou outro anúncio de jornal lemos que vendiam ou se compravam "escravas que sabiam pôr o chá".

Fontes como inventários *post-mortem*, os próprios anúncios de jornal e os relatos de viajantes revelam a frequência com que as mulheres escravizadas eram designadas para tarefas relacionadas ao serviço de mesa, incluindo o chá. A habilidade de servir corretamente, com "asseio e presteza", era considerada uma qualidade valiosa – como demonstram os anúncios publicados nos jornais cariocas em 1850. No *Jornal do Comércio*, de 9 de janeiro de 1850, lê-se:

> Vende-se uma pardinha de 16 anos, excelente mucama, muito acostumada a tratar de crianças por ser criada de uma casa de família; [...] penteia uma senhora com muita delicadeza, apronta e serve chá com asseio e presteza, faz doces, engoma, e faz todo o mais serviço que se possa desejar em uma mucama que foi estimada tanto pelas prendas de que é dotada como pela figura e educação que tem tido.

No *Diário do Rio de Janeiro*, em 14 de janeiro do mesmo ano, aparece outro exemplo semelhante:

> Vende-se no Largo da Sé uma mucama bonita, idade 22 anos, que sabe cozer muito bem, engomar, sabe vestir uma senhora, pentear, sabe preparar uma bandeja de chá.

O saber-fazer doméstico foi, ao longo de todo o século XIX e início do XX, elemento estruturante do serviço doméstico, com ênfase na racialização e na feminização do trabalho (Flávia Fernandes de Souza, 2017). Mesmo na transição para o trabalho livre, a continuidade das formas de vigilância, hierarquia e disciplina se manteve por meio de atributos valorizados como a boa conduta, o asseio e o domínio das práticas refinadas da casa. Escravizadas que se tornaram empregadas domésticas sem direitos.

Nesse sentido, o espaço da casa senhorial funcionava como palco de relações de poder sutis e reiteradas, onde a presença das mucamas e criadas negras era simultaneamente central e silenciada. O trabalho feminino e racializado constituía o alicerce invisível da domesticidade oitocentista, e o serviço do chá revela-se como uma das práticas mais codificadas e simbólicas desse arranjo.

As gravuras de Jean-Baptiste Debret reforçam essa percepção ao registrar cenas de refeições e da vida doméstica nos lares senhoriais do Brasil imperial. Nessas imagens, figuras negras aparecem em segundo plano, trajadas como criadas, portando bandejas ou aguardando ordens. A hierarquia é visível não apenas nas posições, mas nos olhares, nos gestos e nos objetos. Em alguns contos de Machado de Assis – como "Virginius", "Uns braços" e "Pai contra mãe" –, o serviço aparece como fundo da cena, mas carrega a tensão entre aparência e estrutura social: o chá é servido por figuras cuja presença é apenas pressentida, e não nomeada.

Essas representações reforçam a ideia de que a casa burguesa não era um espaço neutro, mas um campo de disputa simbólica e de controle disciplinar sobre os corpos que nela operavam. A cena refinada da mesa de chá era construída sobre a violência normalizada do cativeiro. A louça brasonada, símbolo da nobreza imperial, só podia ser exibida e manipulada porque havia corpos submetidos à ordem senhorial. A distinção, portanto, não era apenas uma marca de gosto: era também um exercício de poder fundado na desigualdade.

Os objetos circulam não apenas como mercadorias, mas como portadores de valor social afirma Arjun Appadurai (2008). A louça de chá, nesse sentido, era carregada de significados que extrapolavam o material: simbolizava hierarquia, pureza, tradição – tudo o que se queria afirmar como próprio da elite – e, simultaneamente, ocultava as mãos negras que a lavavam, serviam e manuseavam com precisão.

Essa tensão entre luxo e coerção é central para compreender o universo doméstico do Brasil escravista. E permanece, em certa medida, no modo como hoje esse passado é preservado: a louça sobrevive nos museus, mas os corpos que a sustentavam desapareceram dos acervos e da memória institucional.

A louça brasonada do IHGB, enquanto vestígio material de um outro tempo que se pretendia nobre e refinado, guarda mais do que brasões em sua superfície: ela conserva ausências, recalques e violências naturalizadas. As vitrines dos museus e instituições de memória mostram uma história oficial centrada nos emblemas da elite, deixando de lado os corpos racializados e femininos que a tornaram possível. Mais uma vez, afirmo o mundo doméstico não é neutro: ele é território de poder, de construção de gênero e de exclusão simbólica.

A permanência da lógica de distinção na cultura material preservada – nos museus, nas vitrines, nas coleções – revela que o passado imperial não é apenas lembrado: ele é cuidadosamente curado para caber em determinadas narrativas. A história da louça brasonada, vista de perto, mostra que objetos também narram: e que é preciso escutá-los não apenas pelo que mostram, mas pelo que escondem.

Referências

ALMEIDA, Júlia Lopes de . *A falência*. Rio de Janeiro: 4 Tribuna, 1901.

APPADURAI, Arjun. *O significado social das coisas: as mercadorias sob uma perspectiva cultural.* Niterói: EdUFF, 2008.

ASSIS, Machado de. *Contos*. São Paulo: Companhia das Letras, 2008.

CARROLL, Lewis. *Alice no País das Maravilhas*. São Paulo: Martins Fontes, 2009.

CORREA DO LADO, Pedro. Brasiliana IHGB: 175 anos. Rio de Janeiro: Capivara, 2014, p. 102 -111.

CARVALHO, Vânia Carneiro de. *Gênero e artefato*: o sistema doméstico na perspectiva da cultura material – São Paulo, 1870-1920. São Paulo: Edusp, 2008.

CERTEAU, Michel de. *A invenção do cotidiano*. Petrópolis: Vozes, 1994.

DEBRET, Jean-Baptiste. *Viagem pitoresca e histórica ao Brasil*. São Paulo: Martins Fontes, 2000.

FLANDRIN, Jean-Louis; MONTANARI, Massimo (org.). *História da alimentação*. São Paulo: Estação Liberdade, 1998.

HELLER, Ágnes. *O cotidiano e a história*. Rio de Janeiro: Paz e Terra, 2004.

LOPES DE ALMEIDA, Júlia. *A falência*. São Paulo: A Tribuna, 1901.

MINTZ, Sidney. *Sweetness and Power*: The Place of Sugar in Modern History. New York: Penguin Books, 1985.

MONTANARI, Massimo. *A fome e a abundância*: história da alimentação na Europa. São Paulo: Estação Liberdade, 1998.

MONTELEONE, Joana. Costureiras, mucamas, lavadeiras e vendedoras: o trabalho feminino no século XIX e o cuidado com as roupas (Rio de Janeiro, 1850–1920). *Revista Estudos Feministas*, v. 29, n. 3, e68008, 2021.

NORA, Pierre. *Entre memória e história*: a problemática dos lugares. *Projeto História*, n. 10, p. 7-28, 1993.

RUGENDAS, Johann Moritz. *Viagem pitoresca através do Brasil*. São Paulo: Martins, 2002.

SOUZA, Flávia Fernandes de. *Criados, escravos e empregados*: o serviço doméstico e seus trabalhadores na cidade do Rio de Janeiro (1850–1920). Tese (Doutorado em História Social) – Universidade Federal Fluminense, Niterói, 2017.

TANNAHILL, Reay. *Food in History*. London: Penguin Books, 1988.

TROUILLOT, Michel-Rolph. *Silencing the past*: power and the production of history. Boston: Beacon Press, 1995.

DIÁRIO DO RIO DE JANEIRO (RJ). Anúncio de venda de mucama, 14 jan. 1850.

JORNAL DO COMÉRCIO (RJ). Anúncio de venda de mucama, 9 jan. 1850.

Alameda nas redes sociais:
Site: www.alamedaeditorial.com.br
Facebook.com/alamedaeditorial
Twitter.com/editoraalameda
Instagram.com/editora_alameda
tiktok.com/@editora_alameda

Esta obra foi impressa em São Paulo no primavera de 2025. No texto foi utilizada a fonte Arno Pro Caption em corpo 10,75 e entrelinha de 17 pontos.